AF862559

# मन के मोती

## विचारों की गहराई से ...

बीना रत्नेश श्रीवास्तव - 'आशा'

BookLeaf Publishing
India | USA | UK

Made with ❤ on the BookLeaf Publishing Platform
www.bookleafpub.in
www.bookleafpub.com



# Dedication

मैं अपनी स्वर्गीय माता जी श्रीमती आशा नरेंद्र कृष्ण भटनागर को
"मन के मोती" समर्पित करती हूँ।

# Preface

मन के मोती कविताएं एकमात्र मेरे द्वारा लिखी गईं हैं। मन की गहराई से निकले अद्भुत शब्दों का सफ़र है, जो विविधता दर्शाता है। प्रकृति और मनुष्य का संबंध परस्पर निर्भरता का है। जिस तरह से प्रकृति रंग बदलती है ठीक इसी तरह जिंदगी के भी मौसम होते हैं। जीवन संघर्षों से अनुभव मिलते हैं और कुछ हासिल करने के लिए अटूट संकल्प से सफलता प्राप्त होती है। कर्म से जीवन का सार है और परिश्रम करना सच्चा अधिकार है। खट्टे-मीठे,नमकीन अनुभवों आस्वादन से ही जीवन में कुछ कर दिखाने की प्रेरणा मिलती है। जीवन में उतार-चढ़ाव प्रेरणादायक होते हैं। आशाएँ होना यानी कि तक़दीर का बदलना है। वृक्षों में पतझड़ उनका अंत नहीं है बल्कि यह एक नई शुरुआत है। हमें जीवन में हर तरह का बदलाव स्वीकार करना चाहिए। परिस्थितियों के अनुरूप ढलना और आगे को बढ़ना चाहिए राबके रााथ। धैर्य, निष्काग रोवा, अनुशाराान, रागानता और राग्गान रो जीवन जीना चाहिए। जिंदगी के स्वाद, प्रेरणा का स्त्रोत बनते हैं, जो आपकी भावनाओं को उकेरते हैं। इस सुकृति सृजन के लिए मैं अपने परिवार और मित्रों को बधाई और धन्यवाद देती हूँ।

# Acknowledgements

मैं अपने मात-पिता, भाई-बहन, पति डॉ. रत्नेश, पुत्र रचित और सासू माँ श्रीमती विमल हरिनारायण श्रीवास्तव, परिवार के सभी आदरणीयों और मित्रों का तहेदिल से आभार व्यक्त करती हूँ। इन सभी की वज़ह से मैं आज यह पुस्तक प्रकाशित करने का सपना पूर्ण करने जा रही हूँ। मैं अपने सभी श्रेष्ठ पाठकों को धन्यवाद और शुभकामनाएं व्यक्त करती हूँ।

# ०१. पात पीले गिर चुके तरु के तले

जीवन दीर्घ और दुर्लभ है, एक तरु समान।
श्रम से सफलता, जीवन बन जाता आसान।

हम जीवन जीते हैं, सदा तृषाओं में।
विटप फूलता-फलता, अचल रहकर प्रकृति सीमाओं में।

वृक्ष की शाखाएँ, सूर्य प्रभा में छाँव फैलाएँ।
सरसराते पत्तों से, ठंडी बयार राहत दिलाएँ।

पात पीले गिर चुके तरु के तले, नव कोंपलें आएँ।
पातों सी लड़ियाँ बाँधकर हम, आगे को बढ़ते जाएँ।

दरख़्त अडिग रहकर वृष्टि, तड़ित और तूफ़ान झेले।
तरुओं की भाँति, हम दृढ़ता से पार करें जीवन के मेले।

विधाता तय की जीवन सीमा में, पड़ता है जीना।
सजग व सहज ढंग से, जीवन में आए विष को पीना।

पात पीले गिर चुके, तरु नव शाखाएँ और नव पत्तों सजाएँ।
पतझड़ पश्चात नूतन उमंगें, सृष्टि में सब रमणीय बनाएँ।

*******

# ०२. लफ्ज़ होते हैं, इंसान का आइना

लफ़्ज़ों के बिना, जीवन नहीं चलता है।
सोच और समझ कर, कहना होता है।

अनुपम लफ्ज़, जीवन का गहना।
लफ्ज़ होते हैं, इंसान का आइना।

जिव्हा में, अद्भुत ब्रह्म है बसता।
मीठे लफ्जों से, व्यवहार पलता।

कोमल वचन से, जीवन फूलता-फलता।
कटुक वाणी से विफलता, हाथ मलता।

अल्फ़ाज़ों का, जीवन पर प्रभाव पड़ता है।
इंसान की नियत, लफ्ज़ व्यक्त करता है।

सार्थक शब्द, जीवन की ऊर्जा बनता।
निर्मल शब्द प्रयोग से, भाव महकता।

शब्दों का नाना प्रकार से, अर्थ निकलते हैं।
विचार और जज़्बात, व्यक्त करते हैं।

सुंदर लफ़्ज़ों से, व्यक्तित्व निखरता।
लफ्ज़ ही होते हैं, इंसान का आइना।

*******

# ०३. स्वतंत्र विचारों की आवाज़

स्वतंत्र विचारों की आवाज़।
जीवन शैली का अंदाज।
झूठ बोलना है आसान।
सच छूता है आसमान।

अपना जीवन ख़ुद बनाना।
जो पथ, वो मंज़िल पाना।
अपनी कमियों को परखना।
खामियाजा, स्वयं भुगतना।

आशाओं को, गले लगाना।
विचार कर, क़दम उठाना।
ख़ुद पे, हो इतना भरोसा।
कोई दुःख, नहीं जाए परोसा।

गिरकर उठना और संभलना।
अपने आपको है बदलना।
आरोप-प्रत्यारोप दूर रहना।
ख़ुद को, मजबूत करना।

नित्य के, धर्म-कर्म अपनाना।
आलस्य को, दूर भगाना।
कर्मयोगी को मिलती सफलता।
सीखना है, अगर मिले विफलता।

प्रेम भक्ति, मार्ग पर चलना है।
सेवा धर्म में, रक्षा करना है।
त्याग और दिव्यता को जीना है।
औरों के, दुःखों को भी पीना है।

*******

# ०४. नदियाँ और जीवन

पर्वतमालाओं से उद्गम नदियाँ।
नदियाँ और जीवन, हसीन वादियाँ।
अवनि सजाती है, जीवन बग़ियाँ।
श्वेत जल, कल-कल बहती नदियाँ।

पावन जल, जीवन से भरपूर है।
धरा हरी-भरी, नदियाँ प्यारी हैं।
मीठा जल, जीव-जन्तुओं का है बसेरा।
पेड़-पौधे, जीवन को देता डेरा।

नदियों में जीवन, नूतन न्यारा।
निर्मल पेयजल, नहीं होता खारा।
बालू, खाद्य और बिजली देतीं यारा।
शांत और शीतल, बहती जलधारा।

जल संचयन कार्य, जीवन का सहारा।
खेती और सिंचाई में, रितिका की धारा।
सरिताओं हेतु रक्षा में, लगाएँ नारा।
धरा पे जीवन, बिन जल का नहीं गुजारा।

*******

# ०५. पेड़ों की जयकार

हम सब करें, पेड़ों की जयकार।
पेड़ हैं जीवन का आधार।
प्रकृति ने रचा है, पेड़ो का शृंगार।
पेड़-पौधे हैं, सृष्टि के अलंकार।

पेड़ों से संभव, प्राणवायु संचार।
सृष्टि के ईंधन, चलता संसार।
पेड़ हैं सच्चे, सृष्टि पालनहार।
बेवज़ह कटाई, प्राणों की हार।

पेड़ों की रक्षा, रोपण है ख़ुदसे प्यार।
बेजुबान दाता का, सृष्टि से व्यवहार।
द्रुम से वृष्टि और खाद्य भी अपार।
जलवायु परिवर्तन से, जीवन का उद्धार।

इनकी पहुँच, भू से अम्बर तक।
इसकी जड़ें, बदलती हैं क़िस्मत।
पेड़ों प्रति, कोमलता उन्मत्त हो।
पर्यावरण रक्षा के कार्य, महान हो।

*******

## ०६. प्रकृति है गुरु समान

प्रकृति, जीवन की सर्वश्रेष्ठ गुरु।
इसके साथ साँसें, होती हैं शुरू।

दमकता सूर्य, शक्ति भरपूर।
र्शवरी में चाँद-तारों से, तम दूर।

प्रकृति है, सर्वोत्तम तंत्र।
इसमें, मौजूद जीवन मंत्र।

हर-भरा सजा हुआ, इसका वस्त्र।
हवा और पानी से, नहीं है त्रस्त।

ऐसी गुरु पर, होना है गर्व।
इसकी सेवा और रक्षा करना कर्तव्य धर्म।

प्रकृति है गुरु समान।
करें हम पूजा और सम्मान।

प्रकृति से, साँसों का ईंधन।
गुरु महिमा में, भजन कीर्तन।

प्रकृति ईश की, स्वर्ण कृति।
प्रीति जोड़ें, सीखें जीवन की नीति।

*******

# ०७. आशाओं पे ही, रिश्ते टिका करते हैं

आशाओं पे ही, रिश्ते टिका करते हैं।
मज़बूत डोर, रिश्ते बाँधकर रखती हैं।

प्रेम रिश्ते की ताक़त है।
संबंध बने रहें, हर किसी की चाहत है।

रिश्ते में, अटूट विश्वास और सम्मान होते हैं।
इनसे जीवन की गुणवत्ता, बेहतर होती है।

स्वस्थ रिश्ते, आपसी भावनात्मक जुड़ाव हैं।
रिश्ते जीवन में, एक दूजे के काम आते हैं।

इन्हें संभालना ज़रुरी है, ये परवाज़ भी होते हैं।
रिश्ते-नातों से दूरियाँ, कुछ स्वप्न अधूरे होते हैं।

रिश्ते की गहराई, तनाव को कम करती हैं।
इनके अद्भुत ज्ञान से, चमत्कार संभव हैं।

इनकी ऊँची उड़ान से, जीवन के अनुभव संभव हैं।
उत्प्रेरक की तरह, आशा को पंख और गति देते हैं।

*******

# ०८. रिश्ते फूलों जैसे होते हैं

रिश्ते फूलों जैसे होते हैं, कोमल भावों से भरे।
रिश्ते में रहता है सम्मान, किसी के लिए प्यार झरे।

रिश्ते क़ायम रहें, इसके हम कर्णधार।
रिश्ते में प्यार होता है, कभी थोड़ी तक़रार।

भूलकर पिछला, निभाते हुए व्यवहार।
औरों के दुःख बाँटना, बिना अहंकार।

जीवन सरल, जब रिश्ते रहें दिल के पास।
ख़ून के ही नहीं रिश्ते, दूर के भी ख़ास।

कभी खट्टे, मीठे, नमक़ीन अनुभवों का स्वाद।
सुख-दुःख का अनुभव होता, रिश्ते बाँधनें के बाद।

रिश्ते सहेज कर रखना, उनके प्रति होना अच्छे विचार।
ये जीवन महका देते, जैसे कोई फूल खुशबूदार।

रिश्ते नाज़ुक होते हैं, आपस में हों संवाद।
इनसे सुरक्षा और समर्थन प्राप्त होता है, दूर हों फ़साद।

*******

# ०९. माँ नाम की पाती

माँ बदल लिया वास, याद मेरी नहीं आती।
गमगीन दिल से, ये माँ नाम की पाती।

प्यार की झपकी दीं, कई रातें तू जागी माँ।
अपना सब-कुछ त्यागा, छोड़ा ये जहाँ।

तुम ममता से पाली बच्चे, माँ लिख रही हूँ माफी।
कम ज़रुरतें जी गईं, लगा तुझे काफी।

सुख चैन सब गँवाया, औरों के लिए धन कमाया।
परिवार सुख के लिए, संसाधन जुटाया।

कर्तव्यों को तुमने, पूर्णरूपेण निभाया।
अपना हर एक दर्द, सीने में छिपाया।

मेरे पुनर्जन्म पर, मेरी माँ बनना देवयानी।
तेरा ऋण चुका न पाऊँगी, करूँगी न मनमानी।

*******

# १०. अर्पण

ईश्वर भक्ति, दिखाती है एक दर्पण।
तुझे करूँ मैं, तेरा सबकुछ अर्पण।

तेरे नाम जाप से, दूर करूँ सब कष्ट।
जीवन के सारे दर्द, तुझसे नष्ट होते हैं।

मन के सारे तम, तू मिटाता है।
तेरे प्रताप से, सृष्टि को जगमगाता है।

तुझसे जीवन और बीज रोपण।
तेरी ऊर्जा से, जग का भरण-पोषण।

जो भी मैंने खोया, वो मेरी नादानी।
जो मैंने पाया, वो तेरी मेहरबानी।

तू है गुरु, दिशा दिखाता है।
तू सृष्टि का मालिक है।

*******

# ११. श्यामल वर्ण

श्याम व्योम, रहस्यमयी लगता है।
घनन-घनन कर नीरद बरसे हैं।

दिव्य नीलमणि, सुंदरता दर्शाता है।
कभी इंद्रधनुष, सतरंगी छा जाता है।

श्यामल वर्ण में, दो अलौकिक नाम।
एक है कृष्ण और दूजा राम।

सागरों में, श्याम समाया हुआ है।
यमुना को काली और पावन बनाया है।

घनश्याम तो, अनंतता होता है।
नीलोत्पल वर्ण, कमल रंगाया है।

सर्व वर्ण, सब रंगों में पाया जाता है।
सृष्टि को, आकर्षक बनाया है।

*******

# १२. मन का दर्पण, खोलना बंधु

मन का दर्पण, खोलना बंधु।
अंतर्मन में, बसे हैं प्रभू।

कमजोरियों पर, काबू पाना।
जीवन में संभव, जादू होना।

जीवन में, धुँध क्यों छाई है?
वक्त पर विश्लेषण नहीं किया, इसलिए भटकना है।

आत्मचिंतन से चिंताएँ, दूर होंगी।
किसी पर, आरोप को नहीं मजबूर होगी।

शांत जगह, जीवन में ढूँढों।
धर्म शास्त्रों में, ख़ुद को गूँथो।

जैसा मन, वैसा ही दर्पण।
स्वयं जाने, कितना किया है अर्पण।

अपनी व्यथाओं से, प्रश्न न उठाना।
उपलब्धियों पर, जश्न मनाना।

*******

# १३. पलाश

फाग में खिलें हैं चहुँ ओर फूल, आकर्षक है पलाश।
नारंगी लाल पंखुड़ियाँ, ऊपर नीला आकाश।

होली के रंगों की बहार, हर किसी को टेसू की तलाश है।
बहे ठंडी मंद मलय, गुच्छे पलाश के झूलते हैं।

रंगों से सजा धरा कैनवास, सुनहरी प्रकाश।
फागुन जग हर्षाता है, रमणीय कुंज में कैलाश।

पलाश रंगों से भिगोते हैं, मिलता स्वास्थ्य लाभ।
तन-मन की शीतलता, लाती है खुशियाँ लाख।

लाल और नारंगी रंगों से, जीवन ऊर्जावान होता है।
चन्द्र ग्रह और दरख़्त पलाश से, उल्लास मिलता है।

शान्ति और अमन से, मिटेंगे आपसी तनाव।
चर्म रोग नष्ट होते हैं, खेलते होली में रंग पलाश।

*******

# १४. खुशियों के रंग, त्योहारों के संग

हरित धरा, मनभावन रूप और रंग।
हँसते हैं गुल बागों के, जीवन महकता रंगों के संग।

पावन पर्वों की झड़ी और छिड़ते हैं प्रेम प्रसंग।
मनोरम वादियाँ हैं, मन बनता पतंग।

त्योहारों की टोली लाती है, नव उमंग।
खुशियों के रंग, त्योहारों के संग।

कहीं गीत मल्हार के, कहीं होते हैं कीर्तन।
कहीं सुनते, श्री राम लखन कथा में वन जीवन।

दीपावली में पूजें, रघुवीर के संग बजरंग भी।
दीप उजाले करते, आतिशबाज़ी जलातें मिलकर सभी।

मन का मैल धोएँ, मीठा बोलना पर्वों का एक ढ़ंग।
जीवन में रंग भरतें हम, त्योहारों के संग।

*******

# १५. श्रावण सोमवार की महिमा

रिमझिम-रिमझिम, बरखा की सौंधी फुहारें लगती हैं।
श्रावण सोमवार की महिमा में, शिव-पार्वती न्यारे हैं।

चहुँ ओर दौड़ी हरी लहर, रंग गई सृष्टि।
नदियाँ, ताल-तलैया भरें हैं, व्योम से वृष्टि।

सावन में शिव किए थे, कालकूट विष पान।
नीलकंठ कहलाए, महानतम शिव भगवान।

सोलह सोमवार की महिमा, अनिवार्य होती है कथा।
साधकों में शिव शक्ति बढ़ती है, बढ़ती भक्ति और आस्था।

सोलह सोमवार श्रेष्ठतम उपवास, श्रृद्धालुओं के होते हैं।
शिव-पार्वती को समर्पण, विधिवत अनुष्ठान करते हैं।

कन्याओं को व्रत से आशीर्वाद में, मनचाहा वर की प्राप्ति है।
सुहागिनों को पति दीर्घायु की दुआ, शिव-पार्वती की भक्ति है।

दान पुण्य धर्म का कार्य, सावन में होना जरूरी है।
सुख समृद्धि और शांति, इस पावन मास में मिलती है।

काम, क्रोध, झूठ से दूर, सात्विक भोजन खाते।
केतकी, वृंदा दल, सिंदूर, बेलपत्र, गंगाजल शिवलिंग को चढ़ाते।

नीम की डाल पर झूले हैं, हरा लहरिया, हरी चूड़ियाँ खनकें।
चातक पीहू-पीहू बोलता है, कोकिल कूकू कूकें।

बदरा कारे-कारे गरजें, बिजुरिया चमकें।
ठंडी पुरवाई चले, आता है सावन झूमके।

*******

# १६. रानी थी या अग्नि ज्वाला

रानी थी या अग्नि ज्वाला।
जग में था, झांसी का बोलबाला।

स्वतंत्रता संग्राम का, हंगामा मचा था।
अंग्रेज़ों को, धूल चटाना था।

सुसंस्कृत, बुद्धिमान, तरुणी निपुण थी।
देश रक्षा के लिए कटिबद्ध और निडर थी।

नन्ही उम्र की वीरांगना, के सिर टूटा था पहाड़।
मर्दानी रानी की थी, शेरों सी दहाड़।

गज़ब की घुड़सवारी, तूफ़ानी अंदाज की थी।
उत्कृष्ट तलवारबाजी से, दुष्टों को अंजाम देती थीं।

तात्या टोपे और नाना साहब साथ दिए।
दुश्मन को ढ़ेर करती, दो-दो हाथ किए।

टेके न घुटने, आखिरी साँस तक लड़ी जंग।
फिरंगी थे दंग और उड़े थे उनके रंग।

भारत के स्वर्णिम इतिहास की सच्ची कहानी।
खूब लड़ी मर्दानी, मणिकर्णिका रानी।

*******

# १७. लोकमान्य की विरासत अमर है

भारतीय स्वतंत्रता सेनानी, लोकमान्य बाल गंगाधर तिलक महान थे।
समाज सुधारक और पत्रकार स्वतंत्रता संग्राम के प्रधान थे।

लोकमान्य, भारतीय संस्कृति की चेतना और आत्म शक्ति थे।
महाराष्ट्र में सार्वजनिक गणेशोत्सव से, लोगों में एकात्म शक्ति बढ़ाए।

छुआछूत और जातिवाद के विरुद्ध आंदोलन चलाए गए।
अंग्रेजों खिलाफ़, स्वाधीनता लिए, लोगों में तालमेल बैठाए।

वेदांत सूत्र, गीता और महाभारत शिक्षाओं से हुए उत्तेजित।
कृति गीतारहस्य, हिंदूदर्शन, कर्मयोग की व्याख्या उत्प्रेरित रही।

शिक्षक ने सामाजिक रूढ़ियों और अंधविश्वास के विरुद्ध कार्य किया।
"स्वराज मेरा जन्मसिद्ध अधिकार", भारत को यह नारा दिया।

केसरी और मराठा पत्रकारिता, लोगों में लाई थी जागरूकता।
अंग्रेज हुकूमत और गुलामी से नहीं करना था कोई समझौता।

लोकमान्य की विरासत अमर है और रहेगी प्रेरणादायक।
स्वतंत्रता संग्राम सेनानियों में से, एक तिलक अनोखा नायक।

*******

# १८. बुद्ध हुए बिना मत जाना

मानव संकल्प करो, बुद्ध हुए बिना मत जाना।
गौतम बुद्ध करुणा सागर, पूजता है देव जमाना।

बुद्धिमत्ता के, अद्वितीय बुद्ध दाता थे।
जग को जीवन का, भरपूर ज्ञान बाँटें थे।

राजपाट गृहस्थ सुख छोड़, साधु बनना भाया था।
अहिंसा और शांति को अपनाना, समझाया था।

मानव धर्म में, दया भाव को सदा जीना है।
जीवन के आदर्शों पर चलना और चलाना है।

भगवान बुद्ध, त्याग के लिए पूजे जाते हैं।
उनके प्रेरक विचारों से, आत्मनिर्भर जीवन पाते हैं।

अशान्त मन से, निर्णय नहीं करना न करवाना।
आध्यात्मिक ज्ञान से, बुराइयों को हराना।

न पिछला, न अगला, वर्तमान है जाना-पहचाना।
सत्य की राह कठिन होती है, उसे अपनाना।

आचरण शुद्धता और वाणी पर नियंत्रण लाना।
सुखी आजीविका औरों की हो, बुद्ध हुए बिना मत जाना।

*******

# १९. तन्हाई और चाँद

रातों की तन्हाई और चाँद की शरारतें हैं।
मुस्कुराता चंदा, सुन चकोर की बातें हैं।

ठंडी बहती हवाएँ, झूल रही पत्तियाँ हैं।
प्रिय जागी है आँखें, रातें सुहानी लगती हैं।

बिखरती चाँदनी, कुमुदिनीयाँ खिल जाती हैं।
कुछ बहके से पंछी, मीठा गाते हैं।

तुम बिन, पलकें झपक नहीं पाएँ।
दिल चाहता है, निगाहें मिलाएँ।

बिछी गुलाब पंखुड़ियाँ, तुम्हें नहीं चुभेंगे काँटे।
समाँ बाँधे हुए, अकेले नहीं कटती रातें।

रोज़ नहीं आती ऐसी, चाँद की बारातें।
हम तुम में हों, गुदगुदाती बातें।

*******

# २०. जग बंधन से मुक्त हृदय हो

मोह माया से, जीवन दूर हो।
उड़ता फिरता मन, एक परिंदा हो।

खुले आसमां में, आज़ाद साँसें हों।
मित्रता भी नहीं, कोई बैर भी नहीं हो।

ये चित्त, एक पृथक् शक्ति हो।
ध्यान में समाई हुई भक्ति हो।

निश्चल मन दर्पण सा हो।
श्यामल नभ से, छिटकी चाँदनी हो।

अनंत पहुँची हुई, मेरी गूँजती पुकारें हों।
ॐ का, अपूर्व आनंद भी हो।

खुशियाँ नहीं और कोई ग़म भी न हो।
जग बंधन से मुक्त हृदय हो।

*******

# २१. सपने बुनना सीख लो

सोच से, सपने बुनना सीख लो।
कल्पनाएँ, हकीकत में बदल दो।

जब खुली आँखों स्वप्न, पूरा न हों।
तब बंद पलकों का रास्ता लो।

सपनों को, नव आकार दो।
चाहतें बुनने से, साकार हों।

सपनों की कश्ती में, सवार हो जाओ।
कोई मदद का, इंतजार न करो।

अपनी मंजिल, खुद ही तलाश लो।
काबिलियत पर, विश्वास रखो।

संघर्षों का दृढ़ता से, सामना करो।
इम्तिहानों से, कभी नहीं घबराओ।

सोच से, सपने बुनना सीख लो।
वो कल्पनाएँ, हकीकत में बदल लो।

*******

# २२. कुरुक्षेत्र

पौराणिक इतिहास में वर्णित है, महाभारत का युद्ध।
पांडवों को लड़ना पड़ा, कौरव भाईयों के विरुद्ध।
युद्ध न चाहा, मोहग्रस्त भाई अर्जुन क्षुब्ध हुआ।
शिष्य अर्जुन को, श्री कृष्ण से शुद्ध ज्ञान मिला।

पांडवों और कौरवों के बीच, हस्तिनापुर को लेकर था विवाद।
अर्जुन को श्री कृष्ण से दिव्य ज्ञान में, गीता उपदेशों का संवाद।
अर्जुन को मिला कर्तव्य और आध्यात्मिक ज्ञान।
मृत्यु भीष्म, द्रोण, कर्ण, दुर्योधन की हुई, योद्धा थे महान।

महाभारत युद्ध में, हरियाणा का कुरुक्षेत्र बना रणस्थल।
अधर्म का विनाश हुआ, कुरुक्षेत्र है हिंदूओं का एक पवित्र तीर्थस्थल।
कुरुक्षेत्र में, ब्रह्म सरोवर स्नान धोए सारे पाप।
आत्मशुद्धि से दूर होते हैं, जीवन के संताप।

*******

# २३. देश के रखवाले

देश के रखवाले दो, सैन्य शक्ति और प्राकृतिक शक्ति।
भारत की सैन्य क्षमता विश्व के चौथे स्थान पर है, दर्शाती देशभक्ति।
थल सेना, वायु सेना और नौसेना शक्तियों ने प्रगति की है।
रक्षा में, तकनीकी अनुसंधान में उन्नति की है।

देश के भौगोलिक रखवाले दो, हिमालय और जलधि।
प्रायद्वीपीय भारत को, घेरे हुए हैं तीन महान पयोधि।
दुश्मन सीमा पार करने में, हिमालय से बाधित होते हैं।
भारत की सुरक्षा, भौगोलिक संरचना पर आधारित है।

सैन्य-शक्ति सीमा पर चौकस रहते हैं, भूखे-प्यासे दिन रात।
झेलते हैं मौसम के रंग आँधी, तूफ़ान, बारिशें और ताप।
सैनिक देश रक्षा में, अपने प्राणों का बलिदान देते हैं।
हिमालय पर लहराता तिरंगा, भारत की शान है।

*******

# २४. समुद्रमंथन

समुद्रमंथन, एक प्राचीन काल की घटना।
विष्णु पुराण में वर्णित है, इसकी कथा।

इंद्र देवता दुर्वासा ऋषि से हुए थे शापित।
इंद्र को शाप मुक्ती की सलाह, श्रीविष्णु से प्राप्त हुई।

देवताओं और दैत्यों ने रची थी, समुद्रमंथन की कहानी।
शक्तियों के बीच, चौदह रत्नों की होड़ सदियों पुरानी।

मंदरांचल था समुद्रमंथन की मथनी, वासुकी नाग बना अनूठी रस्सी।
एक खींचा देवों को और दूसरा दानवों को, ये दो हठी।

अमूल्य चौदह रत्नों में से, एक हलाहल विष।
पिया था विष महादेव ने, देवों में एक अद्धितीय शिव।

रत्न कामधेनु, एक अनोखी अनुपम गाय थी।
जो प्रत्येक इच्छा को पूरा कर पाती थी।

दिव्य रत्न अश्व गतिवान शक्ति और श्रीविष्णु का ऐरावत हाथी।
कल्पवृक्ष, कौस्तुभ मणि और अप्सरा रंभा रानी।

रत्न लक्ष्मी, मदिरा, चंद्र, धन्वंतरि और सुगंधित पारिजात।
पाञ्चजन्य शंख, अमृत कलश से देवताओं ने जीत प्राप्त की।

*******

# २५. आया सावन झूमके

चहुँ ओर मौसमी रंग छा गया है, आया सावन झूमके।
सृष्टि में नव उत्साह लाता है, रिमझिम बरसती हैं फुहारें।
कमल दल और पातों पर, ठहरती हैं मोती बूँदें।
तरुओं की डालियाँ सज गईं, सावन के पड़ते हैं झूले।

सावनी शर्वरी में, अमराई पर काली कोकिल कूकें।
पपीहे की पीहू-पीहू रट, सुन मन हर्षित हो जाए।
रंगीला मौसम यौवन जागता है, उपवन में मोर नचाए।
अनोखा पर्वों का मेला, सृष्टि में धूम मचाएँ।

धार्मिक अनुष्ठान और कांवड़ यात्रा, शिव कृपा बरसाए।
पावन श्रावण शिव महिमा, जग चार चाँद लगाए।
हरी-भरी सी छटा, ठंडी बहती हैं हवाएँ।
भक्तिमय रसों के आस्वादन से, नव ऊर्जा, उमंग जगाए।

मनोरम वर्षा ऋतु में, हरा परिधान अवनि पहनती है।
नदियाँ भर जाती हैं, समुद्री लहरें गाती हैं।
झर झर झरना, कलियाँ चटकना व गुलों का मुस्कुराना हैं।
प्यासा मन प्रिय को बुलाए, हिंडोले कजरी गाते हैं।

*******

# २६. कारगिल विजय दिवस

भारतीय सेना ने कारगिल युद्ध में, घुसपैठियों को मार भगाया।
सेना कौशल रचा इतिहास, पाक को उपहास का पात्र बनाया।

परमाणु परीक्षण, लाहौर घोषणा लाई थी दोनों देशों में शांति।
बाज नहीं आया दुश्मन, भारत की यह भ्रांति थी।

कारगिल ऊँची पहाड़ियों में, भारत सेना ने साहस दिखाया।
साठ दिनों तक के संघर्ष में, नापाक का दुस्साहस कुचला।

एक-एक कारगिल पहाड़ी, भारत क़ब्ज़े में आई।
दुश्मनों को भारतीय जवानों ने, नानी याद दिलाई।

भारत ने साबित किया, राष्ट्रीय अखंडता और संप्रभुता।
पाक की आतंकी गतिविधियाँ नहीं कर पाई, भारत को गुमशुदा।

कारगिल युद्ध मातृभूमि रक्षा में, एक अद्वितीय बलिदान कहानी।
दुश्मन को क्षतिग्रस्त कर, माँ दर्शाई प्रेम आभा और भारत की जवानी।

अपनों को त्यागकर योद्धा ने, देशभक्ति में वीरगति पाई।
वफ़ादारी सर्वोच्च फ़र्ज़ है, दुश्मन को सबक़ सिखाई।

कारगिल विजय दिवस पर, वीरों को श्रद्धांजलि अर्पित हैं।
सपूतों की प्राण आहुति से, भारतीयों की साँसें सुरक्षित हैं।

*******

# २७. उलझा है ताना-बाना

रात और दिन मेहनत करना।
प्रेम और घृणा दोनों सहना।
सुख-दुःख आस्वादन करना।
जटिलताओं को गले लगना।

उतार-चढ़ाव का नहीं बहाना।
आलोचकों साथ निभाना।
लोग ज़िन्दगी में आना-जाना।
सामाजिक बुनियाद बनाना।

असफलताओं पर रोना-धोना।
कभी हंसना और कभी गाना।
भावनाओं उलझा है ताना-बाना।
जब तक साँसें बनता जीना।

*******

# २८. प्रीत और मनुहार की रीत से

यूं रूठा न करो तुम, छोटी-छोटी बातों पर।
तुझ संग जीना चाहूँ, प्रीत और मनुहार की रीत से।

सुख पाऊँ मैं, तुम्हारी बाहों के घेरों में।
सारे दुःख बाँटूँ मैं, तुम्हें अपने गले से लगाकर।

रास न आती है, पल भर की भी दूरी तुमसे।
मान भी जाओ, नश्तर सी आँखों की खातिर प्यारे।

नींदें अपनी भी ख़राब करोगे, रोएँगी आँखें।
क्या हासिल होगा तुम्हें, मुझसे यूं दूर रहकर।

मौसमी रंग में रंग जाएँ, हम-तुम भीगी रातें।
सब भूलकर हम दोनों, कर लें मीठी बातें।

*******

# २९. उमड़-घुमड़ घन आए हैं गगन में

उमड़-घुमड़ घन आए हैं गगन में।
कारे-कारे बदरा, नभ गरजें।
मेघ टकराते हैं, दामिनी चमकती है।
तरुओं से बूँदें, छनकर बरसती हैं।

पयोद चहुँ ओर, हरियाली छिटके।
शीतल हवाएँ, सरसराती बहती हैं।
श्वेत झरने झरझर, बहते जाएँ।
चहचह मधु, आवाजें आती हैं।

हरी पातों पर, सुनहरी बूँदें ठहरें।
नीम,अमराई की डालियाँ झूमती हैं।
पपीहे पीहू-पीहू, रट लगाएँ।
मन भाती है, कोयल की कूकें।

मौसमी रंग, नव ऊर्जा लाता है।
सृष्टि में, रंगीन बहार आती है।
पर्वों का भव्य मेला, जग हर्षाए।
प्रेमी भीगते हैं, सावन झूले गाएँ।

*******

# ३०. हरियाली सावन की

सुनहरी बूँदें, तरुओं से छनकर आईं है।
सावन आगमन से, मौसम लेता अंगड़ाई है।

चारों तरफ, हरियाली सावन की छाई है।
रंग-बिरंगें फूलों की बहार सजाई है।

अलि कच्ची कलियों पर मंडराता है।
अविश्वसनीय पर्व सा माहौल बनाया है।

नीम डालियाँ, श्रावणी झूले झूलाती हैं।
चातक पीहू-पीहू रट, कोयल कूकू गाती है।

बहती ठंडी, सुवासित पुरवाई है।
जगह-जगह, झूम रही अमराई है।

सृष्टि महकती, चहकती नज़र आई है।
प्रिय का इंतजार, काली बदरिया बरसाई है।

सावन में कजरी, तीज की आहट लाती है।
हिंडोले पड़ते हैं और सृष्टि दुल्हन बन आती है।

*******

# ३१. देवों के देव महादेव

देवों के देव महादेव, संहारक और रचनात्मक शक्ति के स्वामी हैं।
शिव भगवान, ध्यान और तपस्या में लीन रहते हैं।

शिव प्रतीक के रूप में, शिवलिंग की भक्तों द्वारा पूजा होती है।
सुख, शांति और मोक्ष प्राप्ति में, देव शिव कोई दूजा नहीं।

श्री गणेश और नंदी संग है, शिवलिंग पूजा का स्थान।
गंगाजल और दूध से, शिवलिंग का हो स्नान।

पूजा में दूध, दही, घी, शहद, चंदन, तिल और धान।
सुपारी, नारियल, रोली, अक्षत और सूत लाल।

अर्पण में बेलपत्र, कमल फूल और शमी के पात।
रुद्राभिषेक में जरूरी है, ॐ नमः शिवाय मंत्र का जाप।

पूजा में, शुद्धता और पवित्रता का ध्यान रखें।
दोष, क्लेश, रुकावटें आदि से समाधान मिलें।

शिव को पतिरूप में पाने के लिए, गौरी ने की थी कठोर तपस्या।
सच्चे साधकों की साधना से, दूर होती समस्या।

शिव भक्ति से शक्ति और आध्यात्मिक विकास होता है।
साधक का अंतिम लक्ष्य, मोक्ष प्राप्ति का प्रयास होता है।

*******

# ३२. खुशियों की तलाश

रोज़ाना, नई सुबह होती है।
नव ऊर्जा, महसूस होती है।
ताज़ी चाहतें, जागी होती हैं।
खुशियों की तलाश होती है।

कभी जिंदगी, भटकती रहती है।
जो नहीं, उसकी चाहत बढ़ती है।
आई खुशियाँ, लौट जाती हैं।
और ग़म के बादल छा जाते हैं।

खुशियों के, बाज़ार नहीं होते हैं।
संकल्प और श्रम से ही मिलती हैं।
गर रूठें, तो क़िस्मत खोटी है।
बड़ी खुशियाँ, कभी दुख का कारण बनती हैं।

खुशियों की, चाबी नहीं होती है।
दूर दृष्टि और लगन चाहती है।
सही पथ पर चलने से, प्रायः खुशियाँ मिलती हैं।
अंत तक तलाश जारी रहती है।

*******

# ३३. धीरे-धीरे तेरा नशा, मुझ पर यूं चढ़ने लगा

इन हसीन वादियों में, तू मुझे भाने लगा।
तुझसे टकराकर, मुस्कुराना आने लगा।

शर्माया सा, बहका चंचल दिल डोलने लगा।
धीरे-धीरे तेरा नशा, मुझ पर यूं चढ़ने लगा।

शीत समीर प्रवाह का, स्पर्श मुझे गुदगुदाने लगा।
जैसे तू कानों में, मेरे कुछ फुसफुसाने लगा।

मेरा बेसब्र दिल, हर पल तुझे रिझाने लगा।
धीरे-धीरे तेरा नशा, मुझ पर यूं चढ़ने लगा।

रातों की नींद और चैन, तू मेरा लूटने लगा।
मेरा दिल, तेरे गीत गुनगुनाने लगा।

जागी हुई चाहत में, जी भरमाने लगा।
धीरे-धीरे तेरा नशा, मुझ पर यूं चढ़ने लगा।

बेइंतहा मोहब्बत में, ज़िगर हिंडोरा लेना लगा।
ए बेख़बर, हर ख़बर दिल रखने लगा।

ख़्वाब सारे बुन लिए, आशियाना बनाने लगा।
धीरे-धीरे तेरा नशा, मुझ पर यूं चढ़ने लगा।

*******

# ३४. सबका ख्याल रखा, अब खुद की बारी है

सबका ख्याल रखा, अब खुद की बारी है।
अपनी जरूरतों को जानना, खुद से करना अब यारी है।

अपने लिए वक्त निकालना, जो छूटा उसे करना बाकी है।
स्वाभिमान से जी रही हूँ, योग और ध्यान जारी है।

जिंदगी बीतती गई, काम से नहीं मैं हारी।
बच्चों की बातें मुझे लगती प्यारी।

औरों से सीखा और काफी कुछ उनसे पाया मैंनें।
कमाई रोटी, अपनों के संग खुशी से खाई है मैंनें।

घर-बाहर की ज़िम्मेदारियाँ, मैंने निभाई है।
ढल रही है उम्र, अपने दुःख-दर्द ख़ुद मिटाएँ हैं।

स्वस्थ रहना है, अपने बच्चों की फुलवारी में।
सुबह-शाम चलना है मुझे, प्रकृति से बातें करने में।

अपने आहार और संतुलन का ध्यान रखती हूँ।
अपनी रातें चैन से काटूँ, मैं साँसें पूरी लेती हूँ।

अपना ख्याल रखूँ, औरों आड़े न आऊँ मैं।
शेष चाहतें जीना है, अब बच्चों के संग दिल बहलाऊँ मैं।

*******

# ३५. हमारे-तुम्हारे, एक से जज़्बात

टिप-टिप करती, बूँदों भरी बरसात।
दो घड़ी, हम-तुम बैठे पास।
भीगी-भीगी, लगती है यह मधु रात।
जाग उठे, हमारे-तुम्हारे जज़्बात।

गुदगुदाती है, दिल की आवाज़।
ये बहकी हवाएँ, झूम रही हैं आज।
जादुई प्यार और मीठी-मीठी बात।
झूले गाते कजरी, सरसर करते पात।

हम-तुम मौसम में, भीगें आज।
बुझाते हैं, सुलगते दिलों की आग।
गाएँ हम-तुम, राग मल्हार।
दिल से बाँधते हैं, दिल के तार।

ये फुसफुसाती, बूँदों भरी बरसात।
हमारे-तुम्हारे, एक से जज़्बात।
दो पल हम-तुम, आएँ पास।
भीगा आँचल है, प्यार की सौगात।

*******

# ३६. लाक्षागृह

दुर्योधन ने पांडवों से, ईर्ष्या में खेली एक चाल।
लाक्षागृह मोम महल में, दुर्योधन था एक जालसाज।

पांडवों की मौत के लिए, दुर्योधन था बेताब।
पांडवों के कानों पर, विदुर से पड़ी थी बात।

पांडवों को फँसाया, महल में लगाई आग।
शूर पांडवों के हाथों मिली, कौरव दुर्योधन को मात।

दुर्योधन के सारे स्वप्न, हुए थे चकनाचूर।
सुरंग खोदकर भाग निकले, पांडव भाई दूर।

महाभारत इतिहास में दर्ज है, लाक्षागृह की घटना।
इसकी सीख है कि, बुराई का बुराई से ही है मिटना।

बुद्धि, बल और साहस का परिणाम, विजय होता है।
महाभारत महायुद्ध में, कौरवों की पराजय हुई थी।

*******

# ३७. दिल एक मंदिर

दिल एक मंदिर है।
रूहानी धड़कनों का यंत्र है।

दिल के साथ, अद्भुत तन तंत्र है।
कोमल दिल, बद्ध एक मंत्र है।

दिल एक मासूम बच्चा है।
यह मोहब्बत में सच्चा है।

प्यार के लिए जीता, मरता है।
काँच की तरह उजला है।

सच्ची प्रीति का हिंडोला है।
इस मंदिर में, मोहब्बत जवाँ है।

जो हर मर्ज की, दुआ और दवा है।
ग़म की हवा, पसंद नहीं।

प्रीति के मोती, दिल मंदिर में पनपते है।
बिरहा में, अश्रु आँखों से छलकते हैं।

*******

# ३८. नज़र आईने से चुराने लगे हैं

रात दिन जैसे-जैसे जाने लगे है।
वो, कम दिखाई देने लगे हैं।
वक्त बेवक्त का, ठिकाना नहीं है।
नज़र आईने से चुराने लगे हैं।

क्या ख़ता, बताने से कतराते हैं।
लगता मन कहीं, अटका हुआ है।
कसमें-वादें, वफ़ा को वो भूले हैं।
नज़र आईने से चुराने लगे हैं।

सामने की खिड़की, बंद रहती है।
पहले जैसी, वो बात अब नहीं है।
चोरी-चोरी निशाना, कहीं और है।
नज़र आईने से चुराने लगे हैं।

छलना उनका, अब काम बन गया है।
खेल जज़्बातों का, आसान बन गया है।
आकर्षक यौवन का अभिमान है।
नज़र आईने से चुराने लगे हैं।

चैन उन्हें, की गीत मेरे सूने पड़े है।
मीठा उन्हें, अब कड़वा लगता है।
झूठ उनका, अब उन्हें खाने लगा है।
नज़र आईने से चुराने लगे हैं।

बड़े दिनों बाद, परेशान दिखाई दिए हैं।
सर को झुकाए, जल्दी में चल रहे हैं।
लगता नई आफत, जैसे आन पड़ी है।
नज़र आईने से चुराने लगे हैं।

*******

# ३९. श्रवण कुमार

नेत्रहीन जन्मदाताओं की भक्ति में, श्रवण थे एकमात्र।
अमर श्रवण कुमार,  एक महान पौराणिक पात्र।

मातु-पितु श्रवण को, सर्वोत्तम गुरु के समान थे।
श्रद्धा भक्ति, श्रवण के लिए धर्म और कर्तव्य प्रधान थे।

अतुलनीय प्रेम और भक्ति का भाव, गुरु चरणों में धाम था उनके।
रामायण में, अमर श्रवण कुमार का नाम दमके।

मात-पिता को तीर्थ ले जाने के लिए, श्रवण के मन में भाव उमड़े थे।
पावस ऋतु में, कंधों पर काँवर लिए पाँव चल पड़े थे।

माता-पिता इच्छाओं के आगे, श्रवण के लिए सारे काम छोटे थे।
इनकी प्यास बुझाने, सरयू के पास गए थे।

दशरथ के अचूक बाण से, श्रवण खो दिए प्राण।
अंतिम क्षण में मात-पिता को जल पिलाने की, दशरथ से की यह आस।

पुत्र वियोग में अँधी आँखों ने, राजा को दिया था श्राप।
पश्चाताप और राम वियोग में, दशरथ भी खो दिए प्राण।

*******

# ४०. प्यार की बूँदें

दो अजनबी, गिरती हुई बारिश में भीग गए।
भिनी ख़ुशबू में, मन में लड्डू फूटने लगे।
रोमांच का, समाँ बँध गया सुहाना।
दिल की धड़कनें, धीरे-धीरे बढ़ने लगीं थी।

प्रकृति की संगीतमय, टिप-टिप धुन से।
पैरों में थिरकन और सपने बुनने लगे।
शरारती हवाएँ, हिया में प्यार जगा।
मंद रोशनी और राह पर अकेले थे।

ऊँचे दरख़्त पर, दो परिंदे बैठे थे।
एक प्यार की, मुस्कान पहने थे।
धीरे से, एक दूजे का हाथ पकड़ा।
साँसें छूने का आनंद लिए थे।

जीवन खिल उठा, हर एक के मन में।
प्यार की पहुँच में आ रहे थे।
यक़ीनन, एक मनोरम समय साथ गुज़ारा था।
तेज़ी से पैर पानी में, छपकने लगे।

यह कोई, परी की कथा नहीं समझना चाहिए।
वे दिलों में, प्रेम गीत छुपाए थे।
हाथ में हाथ लिए, आग बुझा दी।
प्यार की बूँदें, दुबारा आना प्रार्थना की।

*******

# ४१. कटे वृक्ष कर रहे पुकार

अच्छा नहीं है, दरख्तों पर प्रहार।
कटे वृक्ष कर रहे पुकार।

द्रुम लगाना चाहिए, एक सुंदर विचार।
विलुप्ति संकट से, संसार भयभीत है।

वृक्षों से संभव, प्राणवायु संचार है।
प्रकृति नियमों के अधीन, उद्धार होता है।

जलवायु परिवर्तन से, ऋतुओं की बहार।
ताप नियंत्रण वृक्षों से, सच्चे पालनहार हैं।

प्रदूषण अवशोषण से, शुद्ध वायु प्रवाह संभव है।
स्वास्थ्य पर, वृक्षों से प्रभाव पड़ता है।

स्वच्छ आकाश, सृष्टि पर साफ़ प्रकाश मिलता है।
सूखा, बाढ़ और मिट्टी के कटाव, वृक्ष रोकतें हैं।

पेड़ों से औषधियाँ, फल-फूल धान प्रदान होते हैं।
वर्षा चक्र से, जीवन में अच्छे परिणाम मिलते हैं।

तरुओं की छाया, जीव-जन्तुओं को आवास देते हैं।
खो गई कहीं, मासूम गौरैया की मधुर आवाज़ है।

रोपें वृक्ष, हरी उँगलियाँ करें धरा शृंगार।
सुरक्षित जीवन, लौट आएगा संसार।

*******

# ४२. गुरु

गुरु चरण में जो गया, जीवन उसका धन्य।
भवसागर पार हो जाए, मिट जाते हैं विपन्न।

ईश कृति, प्रकृति गुरु माँ, जग की पालनहार है।
सीखें सृष्टि सेवा और रक्षा, जीवन में उद्धार होता है।

मातु-पितु सर्वश्रेष्ठ गुरु हैं, संसार दिखाते हैं।
सिखाया जीवन जीना, भाषा और संस्कार है।

कच्ची माटी को, गुरु से मिलता आकार है।
आत्मनिर्भर जीवन और विकार भी दूर होते हैं।

ब्रह्मा विष्णु गुरु से, सीखें सृष्टि का ज्ञान।
आध्यात्मिक बल बुद्धि से विकास, सीखना चाहिए विज्ञान।

मार्गदर्शक गुरु से आशीर्वाद और फटकार।
गुरु ज्योति से दूर होते, जीवन के सारे अंधकार।

गुरु की शक्ति और भक्ति से, शिष्य का गौरव बढ़ता है।
सुख-समृद्धि जीवन में आती है, भविष्य गुरु गढ़ता है।

गुरु शिष्य का शाश्वत रिश्ता, जीवन में प्रधान।
ये दो ऐसे लोग जगत में, गढ़ते हैं जीवन स्वर्ण समान।

*******

# ४३. सुर्ख़ गुलाब

तुम्हारी तर्जनी में, काँटा चुभ आया।
जब मेरा आँचल पवन ने उड़ाया।

ख़ामोशी एक अनुभूति थी और मुस्कुराई।
तुमने मेरे जुड़े में सुर्ख़ गुलाब गूँथा, मैं शर्मा गई।

तुमने पंखुड़ियों की बारिश से बहलाया।
कुछ पलों में दिल, दिल के करीब आया।

जब आँखें चार हुईं, तो प्रेम भाव छलक आया।
इन गुलाबी अधरों ने तुम्हें ललचाया।

परिंदे गहराती साँझ में लौट गए।
सात वचन बाँधकर, हम आज इठलाए।

*******

# ४४. खो गईं पगडंडियाँ अब गांव की

अब सूनी हो गईं, पगडंडियाँ गाँव की ।
शहरों की ओर चली ज़िंदगी, गाँव की।

चलते-चलते पगडंडियाँ, कभी बनती थीं।
कच्चे, उबड़-खाबड़ रास्तों पर लोगों ने यात्रा की।

बजरी ठोस हो गईं पगडंडियाँ, गाँव की।
खो गईं पगडंडियाँ अब गाँव की।

जंगल में मंगल था, सैर-सपाटा और खुशी थी।
पगडंडियों में, सच्ची जीवन कहानियाँ थीं।

जंगल के कच्चे रास्तों में, सुरभित पवन थी।
लहलाते खेतों की तरफ़, निराली छटा थी।

जंगल कटने के कारण, हवा बदल गई गाँव की।
गाँव छोड़, ज़िंदगी शहरों के प्रदूषण में साँसें ले रही है।

*******

# ४५. धूप बहुत लाचार दिखी है

शीत की ठिठुरन बनी हुई है।
सूर्य की तपन, कम लग रही है।

कहीं-कहीं, धुंध छा रही है।
रवि रश्मियाँ, फैलने की कोशिश में है।

पत्तों से छनती धूप, कहीं-कहीं पर है।
नीला नभ, हल्का सुनहरा है।

वादियाँ महकने को, तरस रही हैं।
नज़ारा, कुछ धुंधला सा है।

कहीं धूप तो कहीं छाँव है।
कहीं पतझड़ से, पेड़ तले पीली पत्तियाँ हैं।

कलियाँ खिलने को बेचैन हैं।
भ्रमर रसपान को तरस रहे हैं।

परागण प्रकिया, कुछ कम सी है।
परिंदो की धूम, कम सी है।

कभी-कभी, ओलों की वर्षा है।
आजकल, धूप बहुत लाचार दिखी है।

*******

# ४६. अद्वय कृष्ण

कृष्ण अनंत की, संपूर्ण अनुपम चेतना हैं।
देवकी और वसुदेव की, आठवीं संतान कृष्ण हैं।

पारलौकिक मधुर तरंगें हैं कृष्ण।
गगन अंग सी कांति काली है, परम सत्य कृष्ण हैं।

विष्णु तत्व संग, चौसठ गुण वाले हैं कृष्ण।
चौगुना विस्तार किये हुए हैं, अद्वय कृष्ण।

वासुदेव, संकर्षण, प्रद्युम्न, अनिरुद्ध ही कृष्ण हैं।
इन चारों संग, आंशिक मत्स्य रूप लिए कृष्ण हैं।

दुष्कर्मी कौरवों जैसों के संहारक कृष्ण हैं।
अनुराग, प्रेरणा और शक्ति का महासागर कृष्ण हैं।

राधा के प्रेमी और सुदामा के मित्र हैं कृष्ण।
यशोदा और नंद के दुलारे, जग पालक कृष्ण हैं।

*******

# ४७. ऐ, रास्ते के पत्थरों, मुझको डराना छोड़ दो।

चलना है मुझको, चाहे जो कुछ भी हो।
टेढ़े-मेढ़े रास्तों की परवाह नहीं मुझको।

ऐ, रास्ते के पत्थरों, मुझको डराना छोड़ दो।
मंजिल तक अपनी चलना है मुझको।

चाहे आँधी, तूफ़ान, बारिशों का रास्ता हो।
जो भी मोड़ आए, लड़ना है मुझको।

ऐ, रास्ते के पत्थरों, मुझको डराना छोड़ दो।
ठोकरें खाकर भी चलते रहना है मुझको।

भूख-प्यास मारकर, मेरा लक्ष्य सफल हो।
रुकना क्या होता है, मालूम नहीं मुझको।

ऐ, रास्ते के पत्थरों, मुझको डराना छोड़ दो।
हारना तुझे पड़ेगा, जीतना है मुझको।

निर्धारित लक्ष्य के लिए, थकावट महसूस न हो।
बर्फ़ और ताप का असर, मुझ पर न हो।

ऐ, रास्ते के पत्थरों, मुझको डराना छोड़ दो।
यक़ीनन जीत अपने नाम लिखनी है मुझको।

*******

# ४८. अब जाना पतियों पर क्यों, छाई रहती है कंगाली

पत्नी गुलाब सी रानी है, पति बगिया का माली।
पति बेचारे नाज़-नखरे सहते हैं, चाहे बीवी हो काली।

नई-नई फ़रमाइशें, करती रहती हैं घरवाली।
अब जाना पतियों पर क्यों, छाई रहती है कंगाली।

शृंगार में पैसा लगता है, पार्लर जाना ज़रूरी है।
पति खेलते पड़ोसिन संग, आँख-मिचौली, होली है।

महंगी साड़ियाँ और मैचिंग सब-कुछ ज़रूरी है।
मेमसाहब पत्नी कहलाती है, पतियों की पतलून पुरानी है।

ख़ुद की कमाई का एक पैसा, ख़र्च नहीं करती है।
आवश्यकता से अधिक, पति की जेब काटती हैं।

पति पीछे-पीछे चलता है, पत्नी पति को प्यारी है।
अब जाना पतियों पर क्यों, छाई रहती है कंगाली।

*******

# ४९. मोहन चलो बाज़ार

सुनो प्यारे, मोहन चलो बाज़ार।
कह चुकी, तुमसे कई बार।

अब नहीं होता इंतज़ार।
पड़ोसन भाभी, गईं ननिहाल।

सुना है, लगा है अभूतपूर्व हाट !
सैर-सपाटा करना और खाना है चटपटी चाट।

बाज़ार चलें, दूर नहीं है, पास ही है।
सिल्क साड़ियों की क्या बात है !

जेब न टटोलो, दिला दो साड़ियाँ दो-चार।
दिला दो न मोहन, एक नौलखा हार।

हरी चूड़ियाँ पहनूँ, गोरे-गोरे हाथों में।
चाहूँ हीरों की खान, स्वर्ण की बात करना छोटी है तुमसे।

तुम्हारे लिए, मैं हूँ इकलौता प्यार।
मैं करूँ तुम्हारे लिए, ये साज-शृंगार।

पत्नी बनूँ तुम्हारी, हर जनम बार-बार।
सुनो प्यारे, मोहन चलो बाज़ार।

*******

# ५०. शोख़ हवाएँ बहक रही हैं

जिया धक-धक धड़क रहा है।
समाँ सुहाना महक रहा हैं।

शोख़ हवाएँ बहक रही हैं।
दुनिया सारी चहक रही है।

काली घटाएँ गरज रही हैं।
नभ में दामिनी कड़क रही है।

चाँद-तारे नहीं चमक रहे हैं।
तन में शोले भड़क रहे हैं।

प्रेम चारों दिशाओं में झलक रहा है।
तू बेवजह तमक रहा है।

रिक्तता में आँसू छलक रहे हैं।
तेरी झलक को तरस रहे हैं।

*******

# ५१. समय

समय एक दिशा में, सदा के लिए गतिमान है।
चलना समय के साथ, ऐ इंसान !

समय की पकड़ नहीं है, किसी के भी पास।
करते रहना है नित-नित, नए काम।

समय बहुत ही बलवान है।
यदि समयानुसार संघर्ष न करें, तो निश्चित है हार।

बीता हुआ वक्त, कभी लौटकर नहीं आता है।
बिन गँवाए समय, लक्ष्य हासिल हो पाता है।

समय एक दुर्लभ और महत्वपूर्ण संसाधन है।
समय के साथ-साथ, उम्र का बढ़ना स्वाभाविक है।

समय और समझ से कार्य करते रहना है।
समय से जीविका के लिए धन कमाना पड़ता है।

समय पर आया हुआ अवसर, कभी नहीं गँवाना है।
समय का सदुपयोग करना और कराना ज़रूरी है।

सभी कार्य और कर्तव्य समय से निभाने हैं।
समय का हर पल क़ीमती है, अच्छे से जीना चाहिए।

*******

# ५२. पुस्तकें झाँकती हैं अलमारी से

पुस्तकें पढ़ने से, जीवन में लायक़ बन पाए आज।
पुस्तक अभ्यास से ही, टेक्नोलॉजी ख़ास बन गई है।

नेटवर्क सुविधा से, हर एक काम हो जाता है आसान।
चाहे शिक्षण हो, नौकरी हो या हो कोई व्यवसाय।

तकनीकी समस्याएँ हल करने में, पुस्तकें काम आती हैं।
पुस्तकें झाँकती हैं अलमारी से, किसी के पढ़ने की आस लिए।

बरसों की जमी हुई धूल को, कभी तो कोई साफ़ कर दे।
पुस्तक में जो लिखा गया, मिटने का नहीं है सवाल।

टेक्नोलॉजी के टच से ग़लती से, डाटा साफ़ हो जाता है।
सर्वर बंद पड़ जाने से, रुक जाते हैं महत्वपूर्ण काम।

तब बंद पुस्तकें, उलझनें सुलझाने में देती है साथ।
वायरलेस तकनीक की, दुनिया बनी है गुलाम।

जोड़, बाकी, गुणा, भाग आदि-आदि सिखाई है किताब।
पुस्तकों से, सदियों से हासिल करते आए हैं ज्ञान।

मेहनत से लिखना-पढ़ना, भूल रही है दुनिया आज।
पुस्तकें रोती और कहती हैं कि इंसान, दिमाग़ की धूल साफ़ करे।

*******

# ५३. क़लम की ताकत

क़लम से संभव होते हैं, जीवन काम।
जो न कर पाती ज़ुबान, वो करती है क़लम महान।

क़लम की ताकत से, जीवन में ज्ञान उजाला आता है।
सदियों पुरानी है क़लम, इसी से लिखे गए वेद-पुराण।

गीता, गुरुग्रंथ साहिब, बाईबल और क़ुरान भी लिखे गए।
क़लम ने, इस जग में कई इतिहास रचे।

दूरियाँ मिटाती है क़लम, इस से टिकता है व्यवहार।
लिखने वाले प्रेमियों से होते हैं, शेर-शायरी और गीत-गान।

लिखे जाते हैं कविता, कहानी-किस्से और जज़्बात।
साकार होते वो सारे ख़्वाब।

क़लम सच्ची साथी है, सदा रहती है दिल के पास।
इससे ज्ञान संचार, समृद्धि और विकास होता है।

क़लम से जीवन में, होते हैं कई बदलाव।
क़लम और दवात पूजा का, जीवन पर पड़ता है प्रभाव।

ज्ञान प्राप्ति से, व्यक्तित्व में निखार आता है।
क़लम से ज्ञान, विकास और अपार सुख-समृद्धि मिलती है।

*******

# ५४. हाय! आसमां में बदरा छाए हैं, तन-मन में आग लगाए हैं

हाय! आसमां में बदरा छाए हैं, तन-मन में आग लगाए हैं।
टिप-टिप बूँदें लुभाएँ, कहीं धूप पत्तों से छनकर आए।
भीनी-भीनी ख़ुशबू भाए, श्रावण में इंद्रधनुष हर्षाए।
प्रियतम, तेरी याद सताए, रिमझिम-रिमझिम बरखा गाए।

नव पल्लव नव ऊर्जा लाएँ, भोर की लाली दिल बहलाए।
कोयल मीठी कूकती जाए, मोरनी पागल मोर नचाए।
जलता बदन रास न आए, पीहू-पीहू पपीहा रट लगाए।
अमराई सावन झूलें सजाए, सुरभित बयार रमाए।

मौसम नव तब्दीली लाए, चाँद-तारे आँख-मिचौली को आएँ।
प्रकृति न्यारा रूप दिखाए, तेरे मिलन को तरसाए।
धरा भीगी-भीगी नज़र आए, अद्भुत बूँदें मल्हार सुनाएँ।
नदियाँ, झरने सब इठलाएँ, अनूठा सावन प्रीति जगाए।

बावरी तेरे लिए तरसती जाए, आओ प्रियतम झूलें, गाएँ।
ये बारिशें यौवन लुत्फ़ उठाएँ, हम-तुम बाहों के घेरे बनाएँ।
आओ प्रिय, हम-तुम पैर पानी में छपछापाएँ।
श्याम नभ सिंदूरी सा छाए, प्रिय! सुहानी है रुत, हिया बुलाए।

*******

# ५५. भारतीय संस्कृति

भारतीय संस्कृति, विश्वभर में व्याप्त है।
संस्कारों से, ज्ञान प्राप्त होता है।

दिव्य शास्त्रों में, सिद्धांत महान हैं।
विविधता में एकता, भारत की पहचान है।

सेवा और रक्षा भारतीयों का परम धर्म है।
यहाँ, सत्य वचन और धर्म से कर्म होते हैं।

अहिंसा, शांति और करुणा जीना फ़र्ज़ है।
भारतीय समरसता से मनाएँ, सारे पर्व सहर्ष।

गायन, वादन और नृत्य अनूठी कलाएँ हैं।
कल-कल करती संगीतकला, पहाड़ों से निकली है।

यहाँ, गुफाओं की अनोखी चित्रकला है।
सुंदर हस्तशिल्प, वास्तुकला और मूर्तिकला भी है।

मानवता जीना, जग से भारत का व्यवहार है।
चार वेद, गीता, रामायण माँ के अलंकार हैं।

भारतीय संस्कृति से, जीवन के उपचार मिलते हैं।
संस्कार और नैतिकता से जीना, जग का उद्धार है।

*******

******* जय हिन्द! *******

*******

www.ingramcontent.com/pod-product-compliance
Lightning Source LLC
LaVergne TN
LVHW020941061026
849535LV00011B/3957
* 9 7 8 1 8 0 7 1 5 2 2 1 5 *